AF629691

Magdalena Starke

Wenn die Worte fehlen

Texte und Gebete in Zeiten der Trauer

Magdalena Starke

Wenn die Worte fehlen

Texte und Gebete in Zeiten der Trauer

HERDER

FREIBURG · BASEL · WIEN

Die Autorin:
Magdalena Starke, Jahrgang 1960, arbeitete über 30 Jahre lang als Lehrerin, Beratungslehrerin und Schulseelsorgerin an einer Schule im Ruhrgebiet, bevor sie in eine freiberufliche Tätigkeit als Supervisorin, Trauerbegleiterin und ehrenamtliche Begräbnisseelsorgerin wechselte. Der stationäre und ambulante Hospizdienst liegt ihr bei ihrer Tätigkeit besonders am Herzen.

MIX
Papier | Fördert gute Waldnutzung
FSC® C014496

© Verlag Herder GmbH, Freiburg im Breisgau 2024
Alle Rechte vorbehalten
www.herder.de

Umschlagbild: Caleb Woods / unsplash.com
Satz: SatzWeise, 33181 Bad Wünnenberg
Herstellung: GGP Media GmbH, Pößneck

Printed in Germany
ISBN Print 978-3-451-00339-4
ISBN E-Book (EPUB) 978-3-451-83289-5

Inhalt

Für die Menschen, von denen ich mich in meinem Leben schon verabschieden musste, die aber als wertvoller Erinnerungsschatz in meinem Herzen weiterleben ...

Vorwort

In vielen Beratungsgesprächen im Rahmen der Trauerbegleitung und Supervision sowie stark verdichtet im Begräbnisdienst wurde und werde ich mit ganz unterschiedlichen Facetten der Trauer konfrontiert und herausgefordert. Ich ahnte es schon immer, dass das Gefühl der Trauer ein normales, wichtiges und gutes Gefühl ist – solange es nicht verdrängt, negiert oder tabuisiert wird.

Die Trauergespräche haben mir gezeigt, wie wichtig und wertvoll es ist, diesem Gefühl Zeit und Raum zu geben, um es „bearbeiten" zu können. „Bearbeiten" meint in diesem Fall: Trauer wahrnehmen und zulassen sowie Trauer als *gesundes und normales* Gefühl zu akzeptieren, das sich nach einem Abschied und/oder Verlust einstellt und äußert. Gelingt dies, so ist es auch möglich, an und mit diesem Gefühl zu „arbeiten" und einen Neuanfang im Leben zu wagen und sich darauf zu freuen.

Die Trauerbegleiterin Chris Paul hat es einmal so auf den Punkt gebracht: *Trauer ist nicht das Problem, Trauer ist die Lösung.* Dem ist nichts mehr hinzuzufügen.

Magdalena Starke

Gedanken – Meditationen

Ein Teil von mir

warst du
bist du
wirst du immer sein
du fehlst
du bist nicht mehr da
du bist tot
die Lücke
die bleibt
die schmerzt
zerrt an meinen Nerven
gräbt sich in mein Denken
bohrt sich in mein Herz
aber ich möchte
dass ein Teil von dir
mir als Erinnerung bleibt als
ein Teil von mir

Stille

Kein Ton
wenn ich heimkomme
Kein Licht
das mir entgegenleuchtet
und mich empfängt
Keine Stimme
die mir so vertraut ist
und die mir guttut
weil sie mir Gutes zuspricht
Kein Duft
der mich einhüllt
und mich geborgen sein lässt
weil es dein Duft ist

All das gibt es nicht mehr
seit du gestorben bist
seit du nicht mehr an meiner Seite bist
seit du nicht mehr in meiner Nähe bist
seit du für immer gegangen bist
Es herrscht nur noch Stille
Totenstille

Zerbrochen

Ich bin zerbrochen
mein Leben ist zerbrochen
meine Welt ist zerbrochen
Mein Herz ist gebrochen
in Stücke gebrochen
einfach auseinandergebrochen

Ich werde es nicht verstehen
ich kann es nicht verstehen
ich will es nicht verstehen

Warum muss ich das aushalten
wie kann ich das aushalten
was muss ich noch aushalten

Ich muss akzeptieren dass du tot bist
ich soll akzeptieren dass du für immer fort bist
ich versuche zu akzeptieren
dass du nun gut aufgehoben bist
Dass auch ich wieder heil werde
dass mein Leben wieder heil wird
dass meine Welt wieder heil wird

Warum

Warum du
warum ich
warum wir
Warum hat uns dieses Unglück getroffen
warum hat der Fahrer nicht aufgepasst
warum war er abgelenkt
warum war er unkonzentriert
Ich frage mich das jeden Tag
und bekomme keine Antwort
und suche nach einer Erklärung
und sehne mich nach einem Sinn
Den gibt es nicht
das macht mich fassungslos
das macht mich wütend
das macht mich trostlos
Warum

Was mich trägt

Was mich trägt sind Menschen
die Zeit für mich haben
die mich nehmen wie ich bin
Freundinnen und Freunde
die mich ernst nehmen
die mir zuhören
die mein Leid aushalten
meinem Schmerz standhalten
meine Angst nicht kleinhalten
mich in den Arm nehmen
mir Geborgenheit geben
mir Trost spenden
ohne mich einzuengen
ohne gute Ratschläge
ohne große Erwartungen
Das ist das
Was mich trägt

Ohne dich

Ohne dich
ist es leer
Ohne dich
ist es still
Ohne dich
ist es kalt
Ohne dich
ist es dunkel
Ohne dich
ist es sinnlos
Ohne dich
ist es wehmütig
Ohne dich
ist es ängstlich
Ohne dich
ist es wütend
Ohne dich
ist es hilflos
Ohne dich
ist es ohnmächtig

Mit dir
war es gefüllt
Mit dir
war es klingend
Mit dir
war es warm
Mit dir
war es hell
Mit dir
war es sinnvoll
Mit dir
war es hoffnungsvoll
Mit dir
war es mutig
Mit dir
war es harmonisch
Mit dir
war es kraftvoll
Mit dir
war es lebenswert

Ich vermisse dich

Zeit

Die Zeit heilt alle Wunden – sagt man
Tut sie das wirklich?
Heilt die Zeit
meine Verletzungen
meine Verzweiflung
meine Wut
meinen Zorn
mein Unverständnis
meine Schwachstellen
meine Zweifel
meine Empfindlichkeiten
meine Traurigkeiten
meine Einsamkeit

nein
sie heilt nicht
aber sie verändert
sie verwandelt
sie macht es erträglicher

aber
die Narben bleiben
mit ihnen muss ich leben lernen
mit der Zeit

Du darfst gehen

So schwer es mir fällt, das zu sagen, aber
du darfst gehen
Endlich ist der Kampf gegen die Schmerzen beendet
dein verzerrtes Gesicht friedlich
deine zu Fäusten geballten Hände entspannt
deine zusammengepressten Lippen leicht geöffnet
Du lächelst sogar ein wenig
du darfst gehen
Ich halte dich nicht mehr fest
auf deinem Weg durch die Tür zum Licht
zu dem, der dir Frieden und Heimat schenkt
der das ewige Leben bereit hält
Ich berühre dich ein letztes Mal
Du darfst gehen
bist gegangen
Ich danke dir für unsere gemeinsame Zeit
für all das, was wir uns geschenkt haben
für unsere Liebe, die in meinem Herzen bleibt
Du darfst gehen
ich bleibe hier

Tränen

Wenn die Tränen fließen
halte sie nicht zurück
lass alles raus
was dich bedrückt und schmerzt

Tränen können reinigen und erleichtern
sie können dich befreien und dir helfen loszulassen
egal was die anderen Leute denken
egal wie verweint du aussiehst
egal wie die Mascara verläuft
egal wie verschnupft du dich anhörst
Du musst dich deiner Tränen nicht schämen
Du hast ein Recht darauf der Welt zu zeigen
wie du dich fühlst

Hör so lange nicht auf zu weinen
bis es dir besser geht
und du befreit sagen kannst
Ich bin meine Tränen los

Trost

Wenn mir ein Mensch zuhört
wenn mich ein Mensch in den Arm nimmt
wenn mir ein Mensch Gutes zuspricht
wenn mich ein Mensch umsorgt
wenn ein Mensch meine Klage aushält
wenn ein Mensch meine immer
gleichen Erzählungen erträgt
wenn ein Mensch Erinnerungen mit mir teilt
wenn ein Mensch Fotoalben mit mir anschaut
wenn ein Mensch meine Tränen nicht wegwischt
wenn ein Mensch meine Wut nicht kleinredet
wenn ein Mensch meinen Zorn nicht persönlich nimmt
wenn ein Mensch meine Fragen
und Zweifel ernst nimmt
wenn ein Mensch mich nicht mit billigen
Antworten vertrösten will
wenn ein Mensch mich nicht mit
seinen Ratschlägen erschlägt
wenn ein Mensch sich nicht beleidigt abwendet,
wenn ich allein sein möchte
wenn ein Mensch mich nicht mit
seiner Fürsorge erdrückt
wenn ein Mensch nicht sagt: Die Zeit heilt alle Wunden
wenn ein Mensch meine Gottesferne akzeptiert
wenn ein Mensch meine Warum-Fragen respektiert
wenn ein Mensch vor meiner Trauer nicht wegläuft
wenn ein Mensch mich so nimmt wie ich jetzt bin

das ist
Trost

Ewigkeit

Du machst dich auf den Weg
in ein unbekanntes Land
mit Mut und Vertrauen
fühlst du dich erwartet von Gott
der dir schon eine Wohnung bereitet hat
in der du nun Heimat für immer findest

welch ein schönes Gefühl
erwartet zu werden
und egal
ob du durch eine schmale Tür
oder ein erleuchtetes Portal
gehen wirst

Du bist
willkommen

auferstanden

Ein Segen sind Menschen

Ein Segen sind
Menschen
die bei mir bleiben
wenn ich traurig bin
Menschen
die mir zuhören
wenn ich vom Verstorbenen erzähle
Menschen
die mich aushalten in meiner Wortlosigkeit
ohne zu drängen
Menschen
die mir Nähe und Geborgenheit geben
einfach da sind
Menschen
die mich trösten und gut zu mir sind
mich so nehmen wie ich jetzt bin

Solche Menschen
sind ein Segen
für mich

Trauer

Wort
Gefühl
Zustand
Erfahrung
Arbeit
Schmerz
Zerrissenheit
Wut
Klage
Einsamkeit
Emotionale Notwendigkeit
Marathon für die Seele
Not-wendig
Preis der Liebe

L E B E N – durch den Tod hindurch

Leichtigkeit
Energie
Beisammensein
Erwartung
Neugierde

Schmerz
Tränen
Erinnerung
Rückzug
Bürde
Einsamkeit
Natur

Trauer
Ohnmacht
Durchgang

Lebendigkeit
Erlösung
Begeisterung
Erlebnis
Nähe

bei
GOTT

Auferstehung

Ich frage mich
gibt es sie
wie ist sie
wo ist sie
wann ist sie
bedeutet sie
Hoffnung in Traurigkeit
Licht im Dunkel
Nähe in Einsamkeit
Leben im Tod
ist sie
eine Erfahrung jenseits von Raum und Zeit
eine Gewissheit im Herzen
eine Zusage Gottes
die mich tröstet
Ich möchte glauben an
Auferstehung

Gedenken

Manchmal meine ich dich auf der anderen Straßenseite gehen zu sehen
Immer wenn ich genau hinschaue, bist du nicht da

Manchmal meine ich deine Stimme zu hören, die mir viel Gutes gesagt hat
Immer wenn ich nachfragen möchte, spreche ich ins Leere

Manchmal meine ich dein Lachen zu hören, das ich so gemocht habe
Immer wenn ich mitlachen möchte, ist es still

Manchmal meine ich deinen Geruch wahrzunehmen, der mich so angezogen hat
Immer wenn ich dich noch einmal riechen möchte, ist da nur Luft

Manchmal meine ich deine Arme zu spüren, die mich oft gehalten haben
Immer wenn ich dich umarmen möchte, greife ich ins Nichts

Aber manchmal
werde ich getröstet
in meinem Gedenken an dich
durch die Liebe,
die uns so eng verbunden hat

Begräbnis

Grab
eingraben
vergraben
begraben
Wo?
in der Erde
in Gedanken
im sozialen Umfeld
im Herzen
Grab
tief
dunkel
feucht
erdig
Aber
in mir
in meinen Gedanken
in meinem Herzen
in meinem Glauben
bist du bei
Gott

Gottesmutter Maria

Maria lebte gegen alle Regeln
sie wurde unverheiratet schwanger
Maria befreite sich von allen Erwartungen
sie ging nicht den klassischen Lebensweg einer Frau in der damaligen Zeit

Maria vertraute auf Gott und ließ sich von ihm leiten
Maria folgte ihrem Herzen
Maria machte das Beste aus ihrer Situation
sie ließ sich auf das ein was war
Maria vertraute ihrem Sohn Jesus
sie motivierte ihn zu einem Wunder in Kana
Maria vertraute auf Gott und ließ sich von ihm leiten
Maria folgte ihrem Herzen
Maria überlebte den Tod ihres Sohnes
sie ertrug Schmerz und Leid
Maria durchlebte die Trauer einer Mutter
sie blieb bis zum Ende bei Jesus
Maria war eine starke und mutige Frau
lass sie uns ein Vorbild sein
eine Kraftquelle und Inspiration in allen Lebenslagen

Persönliche Gebete

Trostengel

Hilf mir, Engel des Trostes,
der du meinen Schmerz und meine Tränen siehst,
der du meine Wut und meine Anklage kennst,
der du um meine Leere und Verzweiflung weißt,
der du meinen Rückzug und mein Alleinsein teilst
Hilf mir, Engel des Trostes,
dass Erinnerungen an schöne Stunden mich tragen,
dass ich wieder den Sinn sehe in dem, was hilft:
aufstehen, essen und trinken, Spaziergang,
Kontakte knüpfen und etwas unternehmen
Hilf mir, Engel des Trostes,
dass ich mich wieder am Leben erfreuen kann,
dass ich mich wieder geborgen fühle in Gottes Hand,
dass mich der Glaube wieder im Leben trägt
mit dir an meiner Seite

Begleitung

Segne, Gott, die, die meinen Verlust ernst nehmen
die meine Trauer wahrnehmen und nicht wegreden
die mir ein offenes Ohr schenken für meine Belange
die mich tatkräftig unterstützen
die nach meinen Bedürfnissen fragen
die mich so annehmen wie ich gerade bin.
Segne auch mich, Gott,
und gib mir das Vertrauen und den Glauben
dass ich ein Kind Gottes bin.

Abgrund

Ich stehe am Rande des Abgrunds
und suche verzweifelt nach Halt und Rettung
aber da ist niemand;
ich bin allein
auch du, Gott,
bist nicht da
du bist ganz weit weg
obwohl du versprochen hast immer da zu sein
JAHWE – ich bin da
Ich brauche dich jetzt und hier
gib mir ein Zeichen
lass mich dich spüren
führe mich durch alles hindurch in
DEIN REICH

Bleib bei mir

Herr, bleib du bei mir
wenn die Kraft mich verlässt
wenn die Zuversicht schwindet
wenn die Angst zunimmt
wenn der Schmerz immer stärker wird
wenn diese dunkle Nacht kein Ende nimmt
Herr, bleib du bei mir
wenn ich Abschied nehmen muss
von all den Menschen, die ich so liebe
wenn ich sie endgültig verlassen muss
um meinen letzten Weg zu gehen
Herr, sei bei mir
wenn ich die letzte Schwelle übertrete
und heiße mich willkommen in deinem Reich.

Wo bist du, Gott

Wo bist du, Gott?
Ich rufe nach dir
Ich sehne mich nach dir
Ich suche dich
Aber du bist nicht da
Alles in mir ist öde und leer
Alles in mir tut weh
Alles in mir ist abgestorben
Bist du da?
Dann nimm das Dunkel von meinen Augen
Dann nimm mir meine Angst
Dann nimm mir meine Verzagtheit
Dann lass mich erkennen und spüren
Du bist da, Gott!

Ich bin da

hast du gesagt, Gott
hast du Mose geoffenbart
hast du uns Menschen zugesagt
wo bist du heute, Gott
wo bist du jetzt
wo ich dich am meisten brauche
wo der Tod in mein Leben eingebrochen ist
wo Schmerz und Dunkelheit mich umgeben
und mich gefangen halten
in meiner Trauer
in meiner Verzweiflung
in meiner Ohnmacht
ich glaube an dich
ich bitte dich
ich warte auf ein Zeichen des
ICH BIN DA

Gebete am Grab

Danke

Wir danken dir, Gott
für diesen Menschen, für (N.),
die/der uns so nah und wertvoll war
und die/der uns so plötzlich entrissen wurde.
Wir danken
für die Liebe und Freundschaft,
die sie/er gegeben hat
für die Ecken und Kanten,
an denen wir uns gestoßen haben
für die Talente und Kompetenzen,
von denen wir profitieren durften
für die Fehler und Schwächen,
die sie/er uns zugemutet hat
für den Frieden, der von ihr/ihm ausging.
Wir bitten dich, Gott,
dass wir alle, die wir mit N. verbunden sind,
jetzt auch durch ihren/seinen Tod
tiefer miteinander verbunden sein mögen,
damit wir auf Erden in Frieden und Freundschaft
deine Verheißung spüren:
Auch im Tod bist du bei uns.

Am Grab

Gott, wir begraben heute den Leib von N.
aber all das Schöne,
das uns mit ihm/ihr verband,
begraben wir nicht.
Gott, wir begraben heute
alle Auseinandersetzungen
und verletzenden Worte,
die unser Zusammensein belastet haben,
aber alle Zuneigung und Liebe,
die uns zuteil wurde,
begraben wir nicht.
Gott, wir begraben heute
alle Träume und Pläne,
die wir noch gemeinsam hatten,
aber das schöne gemeinsame Miteinander
begraben wir nicht.
Gott, wir begraben heute unsere:n liebe:n N.,
den/die wir so sehr vermissen,
aber unsere Hoffnung auf ein Wiedersehen
und Leben bei dir
begraben wir nicht.

Dankgebet

Guter Gott
wir danken dir für N.
Wir danken dir,
dass wir ihn/sie kennen und lieben durften
dass wir uns mit ihm/ihr streiten
und versöhnen konnten
dass wir mit ihm/ihr weinen und lachen konnten
dass wir mit ihm/ihr ernst und froh sein konnten
dass wir seine/ihre Einzigartigkeit erleben durften.
Guter Gott
wir danken dir für N.,
für diesen wertvollen und lieben Menschen
N., du warst ein Geschenk für uns

Wünsche am Grab

Gott
was wünschen wir uns mehr
als dass N. nun Frieden findet bei dir
dass er/sie die Gegenwart deiner Liebe spürt
dass er/sie bei dir für immer beheimatet ist
dass er/sie in deinem Reich willkommen ist

Gott
was wünschen wir uns mehr
als dass auch wir getröstet werden
dass wir Abschied nehmen können
dass wir den Schmerz ertragen können
dass wir die Trauer aushalten werden
dass wir uns von deiner Liebe getragen fühlen
Gott
das wünschen wir N. – und uns

Erinnerung

Guter Gott
wir haben uns hier versammelt
um uns an N. zu erinnern
an die gemeinsame Lebenszeit mit ihm/ihr
Wir sind dankbar für
all die schönen gemeinsamen Momente
die liebevollen Gesten und tröstlichen Worte
die intensiven Gespräche und Diskussionen
die vielen Ausflüge und Erlebnisse
jedes Lächeln, das das Leben schön gemacht hat
Wir bitten dich für uns
dass wir akzeptieren was wir noch nicht verstehen
dass wir verzeihen was noch nicht geklärt war
dass wir unsere Schuldgefühle in deine Hände legen
dass wir lernen mit Schmerz und Trauer umzugehen
dass unser Glaube uns Kraft und Zuversicht gibt
Guter Gott
wir haben uns hier versammelt
um Danke zu sagen
für die gemeinsame Lebenszeit mit N.

Texte für
konkrete Situationen

Mutter

Lebensspenderin
die mich geboren
Ernährerin
die mich gestillt
Lebensschöpferin
die meine Kinderwelt schön machte
Mutmacherin
die mir bei Streit Kraft gab
Seelsorgerin
die mir im Pubertätschaos zur Seite stand
Ratgeberin
die mir mit Altersweisheit auf die Sprünge half
Trösterin
die meine Tränen wegwischen durfte
Mutter
das alles warst du für mich
und jetzt bist du gegangen
für immer
Ich bin untröstlich

Vater

Wenn ich an dich denke
fallen mir so viele Dinge ein
die wir zusammen taten
und die uns eng verbanden

Als ich kleines Kind war
hast du mich aufgehoben und getröstet
wenn ich gefallen war
Du hast meinen Schmerz einfach weggepustet
und schon war meine kleine Welt wieder in Ordnung

Als ich ins Jugendalter
kam warst du mein Vorbild
mein Superheld
der mich immer beschützt hat
Du konntest nur nicht fliegen
aber das war mir egal

Als ich erwachsen und Ernährer:in
der Familie wurde
habe ich verstanden
wie du dein Leben lang für uns gesorgt hast
dafür zolle ich dir großen Respekt

Als DU jetzt gestorben bist
war ich wie vor den Kopf gestoßen
und mein Herz in Schockstarre
Ich hätte dir gerne noch persönlich
Danke gesagt

Danke Papa!

Schwester

Du warst meine Schwester
und kanntest mich mein Leben lang
so gut wie niemand sonst
Oft warst du mein Schwesterherz
manchmal aber auch die Nervensäge
hin und wieder eine echte Zicke
Aber immer loyal zu mir
und hast mir beigestanden
wenn die Eltern stressten
oder Zickenkrieg auf dem Programm stand
Du warst meine beste Freundin
meine treueste Ratgeberin
meine fürsorgliche Lebensbegleiterin
Du warst eben meine Schwester
und ich bleibe immer
Deine Schwester

Bruder

Hey Schwesterchen/Brüderchen
so hast du oft zu mir gesagt
und mir freundschaftlich
auf den Rücken geklopft

Was kann ich denn für dich tun
so hast du mich oft gefragt
wenn ich mit einem Problem zu kämpfen hatte
Soll ich mir dein Fahrrad mal anschauen
so hast du es oft angeboten
wenn der blöde Drahtesel wieder mal kaputt war
Hast du Lust auf einen kleinen Ausflug
so hast du oft gelockt
wenn du mir dein neues kleines Auto
präsentieren wolltest
Möchtest du mit auf die Party
so hast du mich oft ermuntert
wenn die Eltern es mir allein untersagt hätten

Du warst eben mein großer Bruder
den ich so geliebt habe
und deshalb sage ich dir zum Abschied:
Hey Brüderchen
danke für alles und
mach's mal gut

Oma und Opa

Ich bin so froh und dankbar
dass ich euch hatte
und dass ihr immer für mich da wart

Als meine Eltern zur Arbeit mussten
habt ihr auf mich aufgepasst
mich umsorgt und geherzt
seid mit mir zum Spielplatz gegangen
habt mit mir im Freibad geplanscht
mir mein Lieblingsessen gekocht
und mir oft ein Himbeereis gegönnt
wenn ich dann den ganzen Mund beschmiert hatte
hat Oma ihn liebevoll mit einem Tempo gesäubert
das Opa aus der Hosentasche zog

Als ich dann größer und älter wurde
habt ihr mir zugehört auch bei wirren Ideen
und mir mit Gelassenheit die Flausen aus dem Kopf
vertrieben, wenn wir beim Festtagsbraten
gemeinsam am Tisch saßen
den köstlichen Duft habe ich jetzt noch in der Nase
wir haben emsig über Welt und Kirche diskutiert
und uns bei den Argumenten nichts geschenkt
wir haben uns stets ernst genommen
waren füreinander da
haben uns geschätzt und geliebt

Aber nun muss ich ohne euch weiterleben
meine Trauer in Erinnerungen wandeln
und glücklich sein über die gemeinsamen Jahre mit euch

Beste Freundin

Schon im Kindergarten haben wir zusammen gespielt
in der Schule immer nebeneinander gesessen
die Freizeit miteinander verbracht
viel getuschelt und alle Geheimnisse miteinander geteilt
sind gemeinsam auf Partys gegangen
und haben uns stolz den ersten Freund vorgestellt
sind in der Welt herumgereist
Selbst als wir dann in verschiedenen Städten studierten
haben wir per WhatsApp das Leben miteinander geteilt
und später unsere Familien mit einbezogen
Du warst immer meine beste Freundin
meine Lebensbegleiterin
die Stütze an meiner Seite
meine Zuhörerin und Beraterin
wie ein Schwester-Herz
Nun ist mein Herz zerbrochen
in zwei Teile gebrochen
denn du bist nicht mehr da
der Krebs hat es geschafft uns zu trennen
die Chemo hat uns gezwungen unsere Hilflosigkeit zu akzeptieren
uns voneinander zu verabschieden
und einander loszulassen
der Trauer Raum und Zeit zu geben
Aber der Krebs hat es nicht geschafft
die Erinnerungen an dich zu zerfressen
die Bilder von dir zu löschen
dich aus meinem Herzen zu vertreiben
Du bleibst immer meine
beste Freundin

Mein Hund

Gestern musste mein Hund N. eingeschläfert werden
der jahrelang bei mir gelebt hat
den ich so lieb hatte
weil er immer mein treuer Begleiter war
weil er mir immer zugehört hat
weil er mir Zuneigung und Nähe gegeben hat
weil er meine Stimmungen gespürt hat
weil er mich bewacht und aufgepasst hat
weil er mich zum Lachen gebracht hat
weil er mein Leben bereichert hat

Nun ist er tot
für immer aus meinem Leben fort
Viele sagen: Stell dich nicht so an!
Es ist doch nur ein Tier
Kauf dir einen neuen Hund
Mein Hund (N.) ist nicht austauschbar
Mein Hund (N.) ist nicht ersetzbar
Mein Hund (N.) ist ein Geschöpf Gottes
um das ich trauern darf
um das ich trauern möchte
weil (N.) es wert ist

Junger Mensch

Du hattest dein Leben noch vor dir
mit vielen Plänen und Ideen
mit Neugier auf die Zukunft
auf dem Weg zum Erwachsenwerden
Dieser Weg ist jetzt schon zu Ende
denn du bist gestorben
wir mussten hilflos zusehen
unsere Ohnmacht aushalten
Wir sind verstört
wir sind wütend
wir sind traurig
wir sind leer
Uns fehlen die Worte
deshalb bitten wir nur um eines:
Guter Gott
schenke ihm/ihr das ewige Leben

Alter Mensch

Ein langes Leben ist zu Ende
ein Leben mit Höhen und Tiefen
ein Leben mit Arbeit und Herausforderungen
ein Leben mit Krieg und Frieden
ein Leben mit Zweifeln und Glauben
Die Falten im Gesicht
erzählen von reicher Lebenserfahrung
von Lebensweisheit

Danke Gott
dass wir von N. so viel lernen durften
dass er/sie so lange an unserer Seite war
dass er/sie uns umsorgt und geliebt hat
dass er/sie immer in unserer Erinnerung bleiben wird

Schneller Tod nach Krankheit

Heute müssen wir Abschied nehmen von N.
Wir wussten, dass er/sie krank war
aber wir ahnten nicht,
dass es so schlecht um ihn/sie steht
dass ihm/ihr nur noch so wenig Zeit bleiben würde
Wir sind schockiert und traurig
sein/ihr Tod reißt ein großes Loch in unser Leben
der Abschied tut so weh
der Schmerz ist kaum erträglich
Wir bitten dich, Gott:
Lass uns den Tod von N. realisieren und akzeptieren
lass uns begreifen, dass seine/ihre Lebenskraft am Ende war
hilf uns, ihn/sie gehen zu lassen in dem Glauben
dass er/sie bei dir ein neues schönes Leben hat

Plötzlicher Herz-Tod

Gerade eben warst du noch bei mir
wir haben zusammen gelacht
und Urlaubspläne gemacht
du hattest wieder tolle Ideen
und mich mit deiner Energie angesteckt
Von einer Sekunde auf die andere
bist du nicht mehr bei mir
dein Herz hat aufgehört zu schlagen
einfach so – ohne Vorwarnung
das zieht mir den Boden unter den Füßen weg
Ich kann es noch nicht glauben
und auch nicht verstehen
es macht mich fassungslos und hilflos
mir fehlen die Worte
ich bin trostlos
Wie soll ich denn jetzt weiterleben
ohne deinen mir so vertrauten
Herzschlag?

Für eine Schulrektorin a. D.

Die Schule war ihr Leben, so sagt man.
Lehrer und Schülerinnen lagen ihr am Herzen,
ihnen galt ihr volles Engagement.
Mit ihrer besonderen Begabung
glich sie einer Hebamme, die spürte,
was in Kindern und Jugendlichen schlummert,
welche Talente zur Welt kommen können.
Diese hat sie herausgelockt, gefördert
und ihnen Zeit und Raum gegeben.
Neben ihrer Aufgabe zu steuern und zu beurteilen
war es ihr größtes Anliegen,
die ihr Anvertrauten zu stützen,
zu ermutigen, ihre Talente zu erkennen
und für sich und die Gemeinschaft einzusetzen.
Ganz nach dem Vorbild Jesu.
Die Menschen waren sein Leben
sie lagen ihm am Herzen,
ihnen galt sein volles Engagement
Er ist in die Welt gekommen
nicht um zu be-urteilen
sondern um zu ermutigen und zu heilen

Für einen Landwirt

Erde
Boden
Ackerboden
Säen
Pflügen
Ernten
Frühling
Sommer
Herbst
Winter
Arbeit im Rhythmus der Jahreszeiten
Brachzeiten
Erntezeiten
Leben mit der Schöpfung
Wertschätzung der Geschöpfe
Vertrauen in den Schöpfer
Verbundenheit mit dem eigenen Land
Stolz auf die eigene Bewirtschaftung
Dankbarkeit für Gottes Gaben

Für eine Geschäftsfrau

Geschäftsfrau
Hausfrau
Ehefrau
Mutter

In dieser Weise hat sie ihr Leben gelebt
denn es ging immer um
Disziplin
Klarheit
Mitdenken
Kundenkontakt
Finanzen
Bilanzen
Organisation
Familie
Fürsorge

In dieser Weise hat sie ihr Leben gelebt
denn sie
war stark und selbstbewusst
hatte die Zügel in der Hand
wusste wo es langgeht
übernahm Verantwortung
hatte ein großes Herz
mit ganz viel Liebe drin

Jetzt ist sie bei Gott
und es ist gut so
sie ist angekommen

hat ihr Geschäft auf ewig geschlossen

Für eine Kinderkrankenschwester

Sie sah ihren Beruf als Berufung
denn sie liebte Kinder
und die Kinder liebten sie
mit ihrer freundlichen und zugewandten Art
mit ihrem großen Herzen
mit ihrer Wärme
mit ihrem liebevollen Blick
mit ihrem offenen Ohr
mit ihren tröstenden Worten
mit ihren warmen Händen

Sie konnte
hegen und pflegen
trösten und tragen
halten und heilen
sorgen und lachen
Sie sah in jedem Kind ein Gotteskind
Frucht einer Liebe
ein kostbares Geschenk
ein Abbild Gottes
Sie war und ist auch ein Gotteskind
das nun von Gottes Lächeln empfangen wird
und willkommen ist in seinem Reich

Für einen Ordensmann

Ora et labora
bete und arbeite
Kraft des Gebetes
Apostolat am Nächsten
Das war sein Leben
Das war seine Berufung
Er wollte Christus nachfolgen
Er wollte den Menschen dienen
Das machte ihn glücklich
Das machte ihn dankbar
Er brauchte seine Zelle
Er brauchte die Gemeinschaft
Eine feste Tagesstruktur war ihm wichtig
Rituale und Liturgie waren ihm wertvoll
Seine irdische Lebens- und Liebesgeschichte mit Gott
findet nun in der himmlischen Herrlichkeit
ihre Vollendung

Für einen Hautarzt

„Das geht mir unter die Haut“ – so sagen wir,
wenn uns etwas nahegeht.
Unsere Haut ist ein wichtiges Organ,
sie trennt innen von außen,
ist die Grenze zwischen unserem Ich und Du.

„Das geht dir unter die Haut“ – so sagte es (N.),
wenn er beobachtete,
dass die Haut eines Patienten Auffälligkeiten zeigte,
die Sprache seiner Seele sein konnten.
(N.) wusste um die enge Verbindung
von Körper und Geist

„Das geht mir unter die Haut“ – so sagte schon Ijob.
In seiner Sprache klang das so:
Ich weiß mein Erlöser lebt ...
Ohne meine Haut, die so zerfetzte ...,
werde ich Gott schauen.

Diese Hoffnung auf Auferstehung hatte auch N.
Er hat Gott vertraut und an ihn geglaubt,
der in Christus – mit Haut und Haaren –
Mensch geworden ist,
weil die Vergänglichkeit der Menschen
Gott wohl unter die Haut gegangen ist.

Für eine Polizistin

Recht und Ordnung
waren für sie oberstes Gesetz
egal ob
bei Verkehrsdelikten
bei Familienstreitigkeiten
bei Diebstählen
bei gewalttätigen Auseinandersetzungen
bei kriminellen Handlungen
bei Demonstrationen
bei Sportveranstaltungen
Sie nahm ihren Beruf ernst
mit Kompetenz
mit Konsequenz
mit Beharrlichkeit
mit Durchhaltevermögen
mit Stolz
mit Empathie
mit Freude
Polizistin
Freundin und Helferin
Danke
für deinen Einsatz

Für einen Eisenbahner

Unser Leben ist wie eine Reise
mit Höhen und Tiefen
mit breiten Straßen und schmalen Pfaden
mit Gleisen und Zügen

Es gibt
Bummelzüge
Güterzüge
Schnellzüge
ICEs
Züge mit Dampflocks
Alle fahren auf Gleisen
auf den Gleisen unserer Lebensreise
Und es gibt
Weichen
Schranken
Signallichter
Tunnel
Leben und Sterben
Licht und Dunkelheit
Eintauchen in das Dunkel des Todes

Der Auferstandene hat uns gezeigt
dass der Tod keine dunkle Endstation ist
sondern wie ein Tunnel
wo uns am Ende das Licht des ewigen Lebens erwartet
Eine schöne Verheißung für einen Eisenbahner

Trauer um Kinder

Für mein Kind

DU bist gestorben
DU bist tot – sagen alle um mich herum
Bist DU gestorben?
Bist DU wirklich tot?
Ich kann das nicht glauben
Ich will das nicht wahrhaben
Weil es mich zerreißt
Weil es mein Herz
in zwei Stücke reißt

Zurück bleibt
eine riesige klaffende offene Wunde
wie ein Krater in meinem Fleisch
Schmerz, nur Schmerz und nochmal Schmerz

Für mich ist die Zeit stehen geblieben
Für die anderen dreht die Welt sich weiter
Wir verstehen uns nicht mehr
Wir reden aneinander vorbei
Uns fehlen die Worte
Nein, wir sind einfach sprach-los

Mein Partner möchte nun Blumen pflanzen
Aber ich möchte jeder Blume den Kopf abreißen
Wir verlieren uns
in unserem Schmerz und unserer Trauer
weil DU uns so sehr fehlst
weil DU nicht mehr da bist

Ich halte es nicht aus
Ich werde verrückt
Ich bin ver-rückt

Meine Trauer – deine Trauer

Oft möchte ich reden
und du bist stumm
Oft renne ich geschäftig hin und her
und du sitzt starr im Sessel
Oft kann ich meine Tränen nicht zurückhalten
und dein Gesicht ist regungslos
Oft wimmere ich nur noch vor lauter Schmerz
und du spielst den starken Mann
Oft möchte ich einfach mal umarmt werden
und du wendest dich von mir ab
Meine Trauer und deine Trauer
sind sehr verschieden
Aber
Wir trauern gemeinsam
um unser Kind

Mein Kind

Ich habe dich erwartet
Ich habe mich auf dich gefreut
Ich habe dich herbeigesehnt
Ich war schwanger mit dir
Ich habe dich geboren
Ich habe dir das Leben geschenkt
Du bist gestorben
Du bist von mir gegangen
Du hast mich zurückgelassen
Du hast mir Schmerzen bereitet
Du machst mich fassungslos
Du zerreißt mein Herz
Ich musste dich begraben
Du wirst nie vergessen
Du mein Kind

Verwaiste Eltern

Wir haben dich gezeugt
Wir haben uns auf dich gefreut
Wir haben das Kinderzimmer eingerichtet
Wir haben die Wiege vorbereitet
Wir haben die Spieluhr gekauft
Wir haben die Maustapete ausgesucht
Wir haben das Mobile aufgehängt
Wir haben die Windeln angeschafft
Wir haben uns an der Babykleidung erfreut
Wir waren so guter Hoffnung
haben deine Bewegungen gespürt
und wurden bitter enttäuscht
hilflos und ohnmächtig
jeglicher Hoffnung beraubt
mussten wir akzeptieren
dass dein Leben nur für einen Tag
unser Leben erfüllt hat
Und dann blieben wir
allein zurück

Sternenkind

Noch ehe du auf der Welt kamst
wartete ich schon auf dich
Noch ehe du auf die Welt kamst
habe ich dich schon gespürt
Noch ehe du auf die Welt kamst
habe ich dir meine Zärtlichkeit geschenkt
Noch ehe du auf die Welt kamst
habe ich dich geliebt

Aber
Noch ehe du auf die Welt kamst
stand dein Herz still
Noch ehe du auf die Welt kamst
hörten deine Bewegungen auf
Noch ehe du auf die Welt kamst
bist du gestorben
Noch ehe du auf die Welt kamst
stand meine Welt still

Aber
Du bleibst für immer in
meiner Herzens-Welt

Spuren

Deine kleinen Füße
haben die Erde nie berührt
aber deine Spuren sind überall
und leuchten wie Sterne im Dunkel
machen unser Leben hell
sind Licht auf unserem Weg
sind Trost in unserer Trauer

Bitte um Trost

Gott, wir haben das Gefühl:
Du hast uns unser Kind genommen
Wir tun uns jetzt schwer mit dir
Trotzdem glauben wir an dich
und vertrauen dir
Deshalb bitten wir dich:
Lass unseren wankenden Glauben wieder wachsen,
unsere zerschlagenen Herzen wieder heilen und
unsere verschwundene Lebensfreude wieder erwachen
Lass unsere Fragen und Zweifel Raum finden
und unsere Verletzungen heilen
Gott, schenke uns Frieden und das Gefühl:
Unser Kind ist bei dir geborgen.

Gottes Hilfe

Gott, wir können es nicht fassen
Wir stehen am Abgrund
Unser Kind ist tot
und wir sind mit gestorben
Wir sind leer
Wir sind gebrochen
Wir sind ohnmächtig
Wir sind verzweifelt
Wir sind wütend
Wir sind sprachlos
Und stammeln

Hilf uns
nicht am Tod unseres Kindes zu zerbrechen
Wegbegleiter zu finden,
die diesen Tod mit uns aushalten
Vergebung zu finden,
wo wir schuldig geworden sind
Zuversicht zu haben,
dass wir uns einst wiedersehen
Kraft zu haben das zu ertragen,
was nicht zu ändern ist
Mut zu gewinnen dir neu zu vertrauen
Liebe zu empfinden,
dass wir für immer mit unserem Kind verbunden sind

An unserer Seite

Gott, wir brauchen Menschen, die uns nahe sind
wenn wir Nähe suchen
Gott, wir brauchen Menschen, die mit uns weinen
wenn wir von Trauer erfüllt sind
Gott, wir brauchen Menschen, die uns zuhören
wenn wir reden möchten
Gott, wir brauchen Menschen, die uns halten
wenn wir abzustürzen drohen
Gott, wir brauchen Menschen, die verstehen
dass mit dem Tod unseres Kindes die Zukunft stirbt
Gott, wir brauchen Menschen, die es schaffen
wieder Licht in das Dunkel unserer Trauer zu bringen
Gott, wir brauchen Menschen an unserer Seite
die uns deine Liebe erleben lassen

Am Grab eines Babys

Durch den Tod von N.
hat sich in der Familie alles verändert
Nichts ist mehr so wie es war
Nichts wird wieder wie es war
Die Freude auf N. wurde zur Klage
Es gibt keine Taufe, sondern ein Begräbnis
Die Eltern tragen N. nicht in den Armen,
sondern zu Grabe
Eine Zukunft von N. gibt es nicht
nur die Erinnerung an ein paar Tage Lebenszeit
Gott, gib allen in der Familie die Kraft
den Schmerz und das Leid zu ertragen
mit der Hoffnung auf ein Wiedersehen bei dir
und die Erinnerung an N.
wie einen kostbaren Schatz im Herzen zu tragen

Am Grab eines größeren Kindes

Gott
wir sind grenzenlos traurig
und können unseren Schmerz nicht in Worte fassen
unsere Wut ist riesig und unser Zorn groß
wir haben viele Fragen, aber keine Antworten
wir sind hilflos und ohnmächtig
wir sind so unendlich traurig

Gott
wir müssen unser Kind begraben
und verstehen nicht warum
wir sollen ohne unser Kind leben,
wissen aber nicht wie
wir müssen unsere Lebenspläne begraben
wir müssen unsere Trauer ertragen
und haben Angst davor

Gott
wir bitten dich um deinen Beistand
wir bitten dich um dein Ich-bin-da
wir bitten dich für unser Kind
Lass es bei dir gut behütet und gesegnet sein

Plötzlicher Kindstod

Unsere Welt ist ver-rückt
wir sind starr
wir sind stumm
wir sind fassungs-los
Unser Kind ist tot

Gott
wir fragen dich:
Warum unser Kind?
Warum wir?
Warum?
Unser Kind ist tot

Gott
erhöre unser Stammeln
und schenke uns die Verheißung
Unser Kind lebt
bei dir